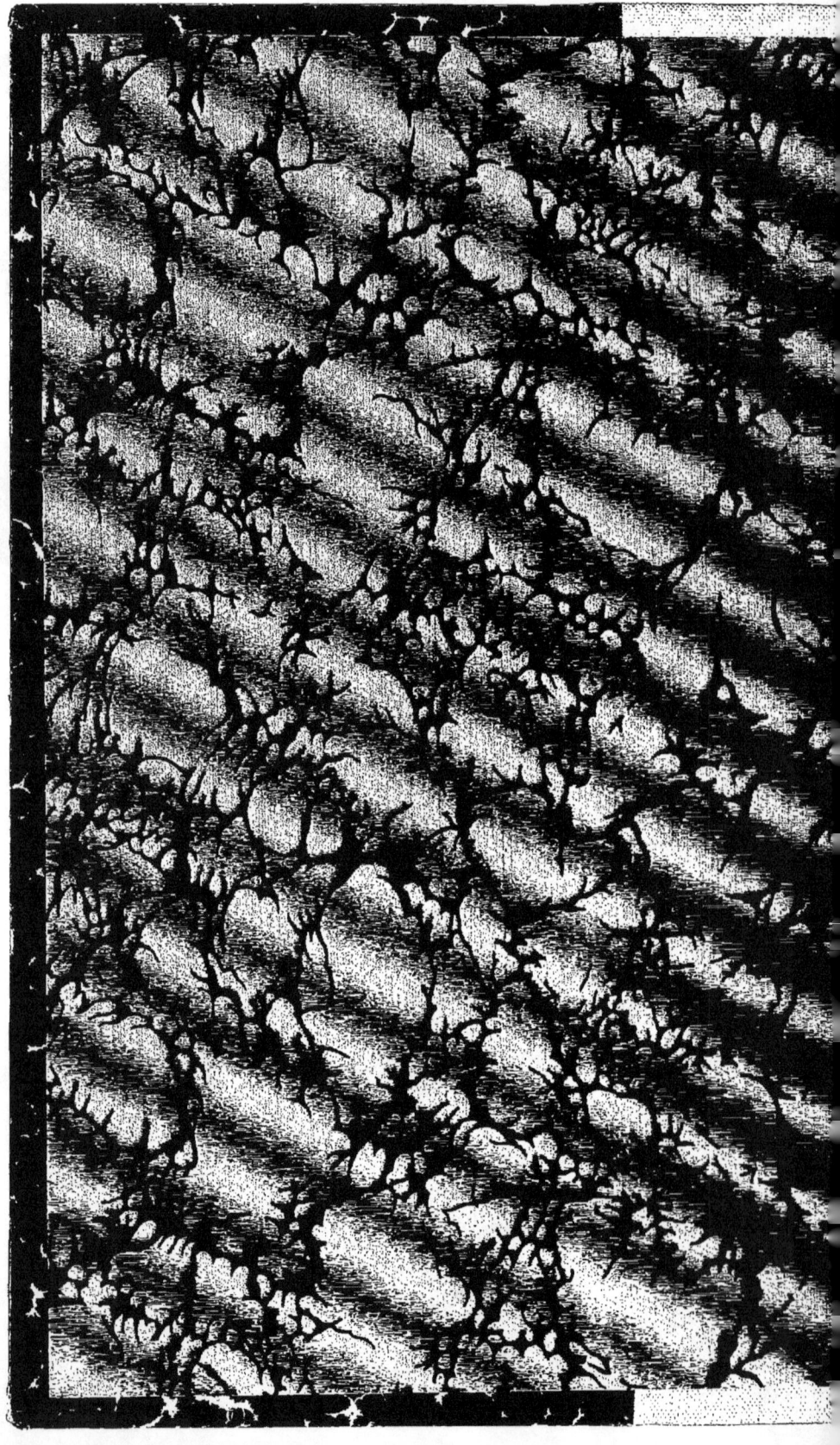

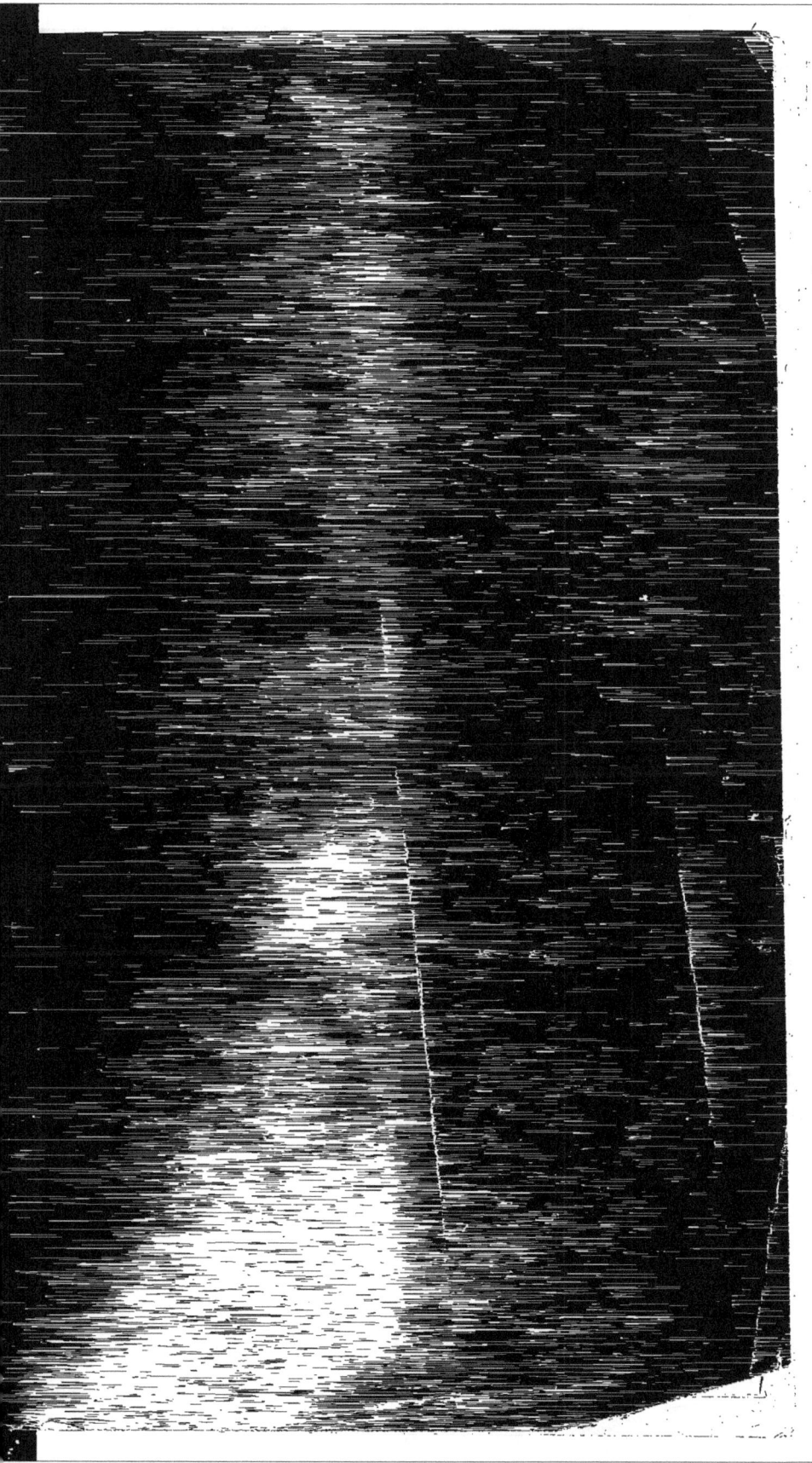

Mélanges

Mélanges

de jurisprudence

d'Histoire etc

Par M. Berriat-Saint-Prix

Tome IV.

Z. 2284
N°. Z.f.5.

Mélanges

de Jurisprudence

d'Histoire &c

Par M. Bernard Louis-Roi

Tome V.

NOTICE.

PARIS. — IMPRIMERIE DE FAIN ET THUNOT,
IMPRIMEURS DE L'UNIVERSITÉ ROYALE DE FRANCE,
Rue Racine, 28, près de l'Odéon.

NOTICE

SUR

JULIUS PACIUS A BERIGA,

JURISCONSULTE ET PHILOSOPHE DES XVIe ET XVIIe SIÈCLES,

Lue à la Société royale des antiquaires de France,

le 9 novembre 1839,

PAR M. BERRIAT-SAINT-PRIX.

PARIS.

P.-J. LANGLOIS, RUE DES GRÈS-SORBONNE, 10.

—

1840.

NOTICE

SUR

JULIUS PACIUS A BERIGA,

JURISCONSULTE ET PHILOSOPHE DES XVIe ET XVIIe SIÈCLES [a].

Jules Pacius à Beriga naquit à Vicence, le 3 avril 1550 [4], de Paul Pacius et de Lucrèce Angioletta. La famille Pacius, ou en italien Pace [5], était pauvre, mais ancienne et illustre, d'après ce que disent ou énoncent Jules Pacius lui-même, un de ses libraires et l'un de ses admirateurs.

D'une part, dans une pièce de vers [6] où il fait son histoire pendant le XVIe siècle, Pacius s'exprime ainsi :

> Pacis ubi et Berigæ nostræ cognomina gentis,
> Clara per innumeros inveniuntur avos.

De l'autre, dans le titre d'une édition d'un de ses ouvrages, publiée vers 1631, on le qualifie de noble, de chevalier, et même de comte [7] ; et enfin un avocat à la chambre impériale d'Allemagne, le qualifie aussi de noble à la tête de deux pièces de vers faites en son honneur [8].

Il est toutefois singulier qu'il n'ait pas pris lui-même la qualité de noble, soit dans quelques-uns de ses nombreux ouvrages publiés pendant les cinquante années antérieures à l'édition de 1631 [9], soit dans plusieurs actes

---

[a] Les parties du texte et les notes qui manquent ici et ailleurs, ont été portées à la note C (*voir son avis préliminaire*, p. 22.)

[5] Tel est le nom inscrit dans le décret du sénat de Venise, rapporté plus loin, p. 14. Des biographes (par exemple Goigous et M. Foisset, dans la Biographie Michaud) disent *Pace* ou *Pacio*.

[6] Nous la donnerons plus loin (note finale A, p. 20).

de cession des priviléges d'imprimer à lui accordés [10] ; et enfin qu'on ait omis de mentionner cette qualité, en premier lieu, dans le décret où le sénat de Venise lui conféra le titre de chevalier ; en second lieu, dans les lettres-patentes constitutives des priviléges précédents, quoique dans les dernières on lui donne les titres de conseiller du roi et de premier professeur, omis dans les plus anciennes [11]. Voilà trois remarques qui ont échappé à tous les biographes, parce qu'ils ne connaissaient pas le texte du décret du sénat, et qu'ils n'avaient point fait attention aux actes de cession, ni lu avec soin les préfaces et épîtres dédicatoires des mêmes ouvrages [12] ; et, pour le dire en passant, ces préfaces et épîtres que les libraires suppriment presque toujours dans les éditions nouvelles, nous ont plus d'une fois fourni des documents précieux sur la vie des auteurs.

A l'égard du titre de *comte*, nous l'avons fait observer ailleurs [13], il n'était point, chez un professeur de droit dans les universités françaises, un signe d'illustration de famille, parce que ces professeurs y prétendaient tous après vingt ans d'exercice [14], et qu'à l'époque de l'édition dont nous parlons, il y en avait au moins trente que Pacius avait obtenu cet emploi.

Enfin, quant à la qualification de *noble* donnée à Pacius dans les titres, soit d'un ouvrage, soit de pièces de vers faites à sa louange, il est inutile de faire observer qu'inspirée par l'intérêt ou par la flatterie, elle ne

---

[13] *Discours sur l'enseignement du droit*, prononcé le 5 novembre 1838, in-8, Paris, Langlois, 1838, p. 70.

[14] Même page 70; mémoire inséré au XVIIe siècle, dans les registres (t. IV, p. 539) de l'ancienne faculté de droit de Paris (on y cite des autorités et des exemples); Catel, *Mémoires sur l'histoire du Languedoc*, in-fol., 1633, p. 938.

saurait être une preuve de l'illustration de sa famille.

Il en est de même de l'espèce de titre féodal *à Beriga* (de Beriga) ajouté au nom de cette famille, puisqu'il était, selon les uns, le nom d'un coteau voisin de Vicence, où elle avait une maison, et selon d'autres, celui du quartier[15] de la même ville où Pacius était né.

Pacius avait reçu de la nature une intelligence prodigieuse; son père la seconda par une éducation soignée; il apprit avec une étonnante facilité plusieurs langues, le latin, le grec, l'hébreu. Il fit aussi des progrès extraordinaires dans les mathématiques, et à un tel point que, selon Brucker et Nicolas Comnène, suivis par Chauffepié (pag. 1 et 2), il donna, à l'âge de treize ans, un traité d'arithmétique; mais quoiqu'on ait d'autres exemples du même genre, qu'ainsi Pascal, à seize ans, ait composé un traité des sections coniques, nous aurions désiré, pour croire à l'assertion des auteurs précédents, qu'ils eussent énoncé, comme ils l'ont fait pour les autres ouvrages de Pacius, le titre (au moins en abrégé[16]) du traité à lui attribué, d'autant plus que rien, dans ses ouvrages, n'annonce un génie approchant de celui d'un Pascal.

Pacius fut ensuite envoyé à l'université de Padoue. Il y étudia d'abord la philosophie sous Zarabella et autres idéologues, et successivement la jurisprudence, selon les mêmes auteurs, sous Marc Mantua, Tibère Decianus, Guy-Pancirole et Mathieu Gribald[17]. Ils se trompent évidemment quant à celui-ci. D'après les détails que nous avons donnés ailleurs sur la vie de Gribald[18], il avait

---

[18] *Histoire de l'ancienne université de Grenoble*, 1re édition, dans les *Mémoires de la société des antiquaires*, t. 3 (1821), p. 411 à 418; 2e édition, dans la *Revue du Dauphiné*, t. 5 (1839), p. 94 à 99, et surtout 107 à 113.

quitté Padoue, et pour n'y plus retourner, au plus tard en 1556, époque où Pacius n'avait que six ans. Ils omettent en outre une circonstance dont il nous a informés lui-même[19], savoir qu'il se livra d'abord, et pendant cinq années, exclusivement à l'étude de la philosophie péripatéticienne, résistant aux exhortations à lui faites par son père, par ses parents et par ses amis, de s'attacher à l'étude du droit civil, comme beaucoup plus utile et pour son pays, et pour eux, et pour lui-même, lorsqu'enfin les ouvrages de Cujas l'éclairant, en quelque sorte, l'engagèrent à entrer dans cette carrière.

Devenu docteur en droit, Pacius retourna à Vicence. Parmi les ouvrages que sa passion pour l'étude lui fit rechercher, se trouvèrent divers traités de controverse religieuse dont la lecture était défendue. Il se rendit suspect au clergé par cette lecture, disent encore les mêmes auteurs, et il fut obligé de s'enfuir à Genève.

Quelque rigoureux qu'on pût être alors, au moment de l'expansion de tant de sectes hétérodoxes, il est contre toute vraisemblance qu'une simple lecture faite par un docteur en droit, eût attiré à celui-ci une persécution assez menaçante pour l'engager à quitter sa patrie, surtout étant dénué de ressources[20]. Il est plus probable que Pacius laissa entrevoir ses opinions religieuses; car il avait adopté, et il continua dès lors jusqu'à un âge avancé, à professer celles de Calvin, et le choix de son lieu d'asile en est un signe assez évident.

Il ouvrit, dit-on, à Genève, pour se procurer des moyens de subsistance, une école où il donnait des leçons à des enfants de l'âge le plus tendre, et successivement, son mérite ayant été reconnu par la publication de savants ouvrages de législation et de philosophie, on le chargea d'enseigner la première science.

Les biographes commettent encore ici une erreur. Les ouvrages de droit qu'ils citent, sont de 1578 et 1580 [21]; or, dans une épître de 1606, Pacius fait remonter à trente années, son entrée au professorat [22]; elle eut donc lieu avant la publication dont ils parlent, ou à environ 1576. Il est d'ailleurs invraisemblable qu'on eût attendu la publication de plusieurs ouvrages considérables, formant des in-folio, tel qu'un *Corpus juris civilis*, et divers traités de droit (ce sont les publications de 1580) pour tirer Pacius d'une espèce d'école primaire; et enfin, il annonce lui-même, qu'en 1578 il enseignait depuis. assez longtemps le droit, que depuis assez longtemps aussi il préparait l'édition du même *Corpus juris*, et qu'il s'était livré à l'étude du droit plusieurs années auparavant, précisément pour se procurer des ressources [23].

Dans tous les cas, on peut présumer qu'il en obtint d'assez abondantes, puisque ce pauvre exilé se maria dans son asile à une femme (une Lucquoise), réfugiée comme lui à Genève pour ses opinions religieuses, et qu'il devint le chef d'une famille assez nombreuse (dix enfants) pour que son entretien exigeât des revenus considérables.

Il quitta néanmoins cette Rome du calvinisme, vers 1585. Ses ouvrages, soit de philosophie, car il en avait publié divers traités, et entre autres fait une traduction de l'*Organon* d'Aristote, soit de droit civil, lui avaient procuré une grande réputation. Il fut alors appelé à l'université d'Heidelberg, non pour y enseigner la philosophie, comme le disent divers biographes, mais le droit civil [24], et il y remplit les fonctions de professeur

---

[24] Le titre seul (*De juris civilis difficultate ac docendi methodo*) de

pendant plusieurs années, publiant ou composant à de courts intervalles, par exemple en 1585, 1587 et 1589, des ouvrages sur la même science [25].

On lui avait sans doute accordé de grands avantages pour lui faire abandonner Genève, où il avait pu soutenir sa famille; peut-être espéra-t-il en obtenir de plus grands à Bourges, où il sollicita, en 1590 (fait inconnu à tous les biographes), la première chaire de l'université, restée vacante par le décès de Cujas [26]. Ces démarches n'eurent point de succès; il est certain, par les épîtres d'ouvrages publiés en 1591 et 1593 [27], qu'au mois de mars de cette dernière année il enseignait encore à Heidelberg.

Nous trouvons ici une lacune d'environ trois années dans ses ouvrages, et par conséquent dans ses épîtres, et bien que les biographes se soient dispensés de les consulter, ils ont cherché à remplir cette lacune.

Plusieurs d'entre eux, à la fin du XVIIe siècle ou au commencement du XVIIIe [28], trompés par une expression impropre d'un de ses vers (le mot *Panonia* employé pour désigner le *Palatinat*), et ne faisant point attention à la durée de la même lacune, l'envoient professer pendant dix années en Hongrie, et ils ont été imités par

---

son discours d'installation, le montre. Il le prononça à Heidelberg le 30 août 1585.

[25] En 1585, le discours cité à la note précédente; en 1587, une édition de la *Synopsis*, et le commentaire *ad Friderici constitutionem de privilegiis* (il cite cette époque dans ses épîtres); en 1589, une des éditions de l'*Enantiophanon* (épître insérée en 1606, dans la quatrième).

[27] En 1591, le traité *De contractibus*, in-fol. 1603 (il cite p. 771, l'an 1591, comme l'époque de la dictée de cet ouvrage à Heidelberg); en 1593, une édition de l'*Enantiophanon* (voir l'épître à Kreftingius, dans l'édition de 1606).

des biographes, même du XIXe siècle, tels que Goigous, quoique, dès 1738 le père Niceron eût dévoilé leur erreur. Et, en effet, le séjour de Pacius à Heidelberg, de 1585 à 1593, et successivement à Sedan en 1596, étant constaté, il faudrait, pour admettre le professorat en Hongrie pendant dix ans avant 1596, supprimer au moins sept années (1586 à 1593) sur le professorat d'Heidelberg.

L'époque précise où Pacius quitta cette dernière ville, c'est-à-dire le mois d'octobre 1595, nous a été révélée en quelque sorte à l'aide de moyens assez singuliers pour mériter un instant l'attention des biographes.

En premier lieu, dans une pièce de vers latins, faite à l'occasion de son départ[29], on le supplie de ne pas abandonner des collègues avec lesquels il a vécu pendant deux lustres : qu'est-ce qui peut l'engager, dit-on, à quitter subitement des lieux dans lesquels,

> Gymnasii proceres omnes expertus amicos
> Et collegarum per duo lustra fidem.

Comme il était entré à l'académie d'Heidelberg au mois d'août 1585, ce passage fixerait son départ au plus tôt au mois d'août 1595. Toutefois, comme un lustre en poésie offre une certaine latitude, nous ne nous y serions point arrêté, s'il n'était pas appuyé de deux autres passages de vers grecs, dont nous devons la traduction latine à l'obligeance du savant helléniste M. Longueville[30].

Au départ de Pacius, y est-il dit, le soleil de regret s'est voilé, *grave gemens vultum abscondit*... Les nuages ont témoigné leur douleur par leurs larmes et leurs gémissements, *lacrymas et gemitus*... et néanmoins ils sont suppliés de les retenir pour que le voyage de Pacius ne soit pas fâcheux, *non humidum iter*.

Le premier passage indique évidemment une éclipse de soleil[31], et le second une saison de pluie et d'orages.

Or, si l'on parcourt la table précieuse des éclipses de soleil du père Pingré[32], on en trouve une au 3 octobre 1595, visible au nord-est de l'Europe, qui remplit ces conditions, tandis qu'il n'en est pas de même de deux autres des 23 novembre 1593 et 20 mai 1594, les seules, avec celle-là, qui aient eu lieu pendant les trois années où dut s'effectuer le départ de Pacius.

Sa résidence à Heidelberg ne fut point tranquille dans ces derniers temps. En proie à l'envie, à la calomnie et, à ce qu'il paraît, à des persécutions[33], l'amitié de ses collègues et la vénération des élèves ne le rassurèrent point[34]; il quitta et assez précipitamment l'Allemagne, on vient de le voir, à la fin de 1595, pour s'établir à Sedan, où il était encore à la fin de 1597. Dans les ouvrages où nous puisons ces faits[35], il ne prend point la qualité de professeur. Toutefois, on peut admettre avec Comnène, Brucker et autres biographes, parce que cela est fort vraisemblable, qu'il fut pourvu de cet emploi dans l'université créée depuis peu à Sedan par le duc de Bouillon.

Ses ouvrages cessent une seconde fois de nous servir de guides pour sa vie, depuis 1598 jusqu'en 1601. Selon Comnène et Brucker, les guerres civiles religieuses lui firent encore chercher un asile à Genève, d'où il fut ensuite appelé à Nîmes comme chef d'un collége; et c'est ce que dit aussi Pacius dans l'histoire poétique de sa vie.

Ce poste était sans doute au-dessous de ses talents et de ses services; mais il trouvait à Nîmes un grand nombre de calvinistes, et cette ville était d'ailleurs, nous le croyons, l'une de celles dans lesquelles il pouvait, d'après le récent édit de Nantes (1598), trouver une plus sûre protection[36].

---

[32] *Art de vérifier les dates*, édit. de 1783, partie 1ʳᵉ, page 81.

Ses profondes connaissances, sa réputation, ses ouvrages lui procurèrent bientôt une position plus avantageuse. Vers 1601, il fut nommé professeur de droit civil à l'université de Montpellier. Dès l'année suivante il y eut pour disciple, et même pour pensionnaire, le célèbre Peiresc, avec lequel il fit, à chacune des grandes vacances suivantes, des voyages à Aix, et qui essaya à plusieurs reprises, et notamment en 1604, de lui faire accepter une chaire de droit civil à Aix, et embrasser le catholicisme.

Pacius repoussa constamment ces propositions sous divers prétextes. Son véritable motif, dans lequel sa femme l'encourageait, paraît avoir été une grande répugnance à s'établir dans une ville presque entièrement catholique [37]. Sa femme voulait même, par ce motif, le faire retourner à Heidelberg, où l'électeur palatin le rappelait.

Quoi qu'il en soit, Pacius continua ses fonctions à Montpellier jusqu'en 1616, et dès 1612 il y était qualifié de premier professeur et de conseiller du roi [38].

Nous le perdons encore de vue pendant environ dix-huit mois (du 2 mars 1616 au 13 août 1617). Il avait, vers ce temps, formé le projet, nous ignorons par quels motifs [39], de quitter Montpellier. Ce projet connu, il fut appelé avec instance dans diverses universités, comme celles de Padoue, de Pise, de Leyde et de Valence; et il finit par choisir cette dernière, où on lui conféra la chaire illustrée quarante années auparavant par Cujas [40]... Mais, assurément, il ne fut point alors, comme le don-

---

[40] *V.* notre histoire de Cujas, p. 393 à 406.

Pacius dut s'établir à Valence, au moins au commencement de 1617. *V.* ci-après note B, n° 22, p. 22.

nent à entendre Chaudon, Lavocat et même Moréri, dans une de ses premières éditions, professeur de droit à Aix ; car Gassendi, auteur de la vie de Peiresc, à qui nous devons une grande partie des détails précédents (*id.*, p. 61 à 67), n'aurait pas négligé de mentionner un succès auquel son héros avait attaché tant d'importance.

Il était à peine établi à Valence, qu'on renouvelait les propositions relatives à Padoue, et que le sénat de Venise lui en offrait la chaire principale avec de gros honoraires et des indemnités de voyage ; et, de leur côté, les Dauphinois faisaient beaucoup de démarches afin de le retenir à Valence. Ils envoyaient, par exemple, des députés au roi et au parlement de Grenoble, et obtenaient pour lui, et une place de conseiller honoraire dans cette cour, et une pension assez considérable, ce qui ne l'empêcha point, mais après de longues négociations, d'aller occuper la chaire de Padoue.

Suivant les moins inexacts de ses biographes, Niceron et Chauffepié, ce fut en 1618. Ils auraient évité cette erreur, même sans connaître le document précieux dont nous allons parler, s'ils eussent examiné la première édition du traité où Pacius attribue à la république de Venise la souveraineté de la mer Adriatique (*de Dominio maris Adriatici*), traité dont l'envoi précéda le voyage de Pacius et qui parut seulement en février 1619 ; car ils y auraient vu que cette édition n'avait été précédée d'aucune autre, comme Chauffepié est obligé de le supposer pour faire cadrer son époque de 1618 avec le fait précédent.

Voici ce document ; il est puisé dans les archives de Venise, d'où on l'a envoyé, en 1838, à M. Joseph Pacius (descendant de Jules), de qui nous le tenons.

Havendo D. Giulio Pace, Vicentino che hora legge

nel studio di *Valenza* in *Franza* ed è condotto alla lettura in primo luogo de jurisprudentia nel studio nostro di Padova; stampato un *Trattato della giuridizione della Rep. sopra il mare Adriatico*, stimato opera con buoni fondamenti e con molta erudizione scritta, mostrando in ciò la fede e piena devozione sua verso la signoria nostra.

L'anderà parte, che⁴⁰ᵃ giunto in questa città esso D. Giulio Pace, e presentato al collegio per trasferirsi a Padova alla lettura sopradetta, sia dal sereniss. Principe nostro con l'autorità di questo consiglio creato cavaliere, e honorato con una catena d'oro di scudi trecento che si serva per attestato della gracia publica, e del concetto., nel quale 'a tenuta la sua persona.

Cette espèce de décret est daté du 7 mai 1619, d'où il résulte que Pacius n'avait pu être installé à Padoue en 1618 (ce fut en 1620, on le verra bientôt). Les termes dans lesquels il est conçu, annoncent la haute estime qu'on avait pour lui dans la *sérénissime* république, et font pressentir les honneurs dont on l'accabla en quelque sorte à son arrivée, et dont Comnène nous a transmis les curieux détails. On alla plus loin, on nomma aussi professeur un de ses fils dont il s'était fait accompagner.

Malgré tant d'avantages, Pacius ne s'arrêta pas longtemps à Padoue. Au bout d'environ une année, il demanda la permission de retourner à Valence.

Afin de l'obtenir, il prétendit que ni l'air ni le genre de nourriture du Padouan n'étaient favorables à sa santé. Lorsque l'on compare le climat de Padoue à celui de Valence, parfois refroidi par le souffle du mistral; lorsqu'on réfléchit que Padoue est à peine à huit lieues du pays natal de Pacius (Vicence), est arrosée par la même rivière et touche à cette vallée délicieuse de la Brenta, où Voltaire [41] voulait placer en quelque sorte le séjour du bonheur ; enfin, qu'à soixante-dix ans, âge de Pacius, un second voyage de deux cents lieues et en traversant les Alpes devait être fort pénible, on aperçoit sans peine de purs prétextes dans ces prétendus motifs [42].

Le véritable fut-il encore son opinion religieuse, et par conséquent le désir fort naturel de vivre dans une ville protégée par l'édit de Nantes, plutôt que dans un pays d'inquisition? Nous n'en doutions point d'abord, parce que l'assertion d'un biographe moderne, le père Niceron, que Pacius était, avant sa mort, rentré dans le sein de l'Église catholique, ne reposait sur aucune sorte de preuve, et qu'elle était tacitement contredite, suivant la remarque de Chauffepié (pag. 4), par le silence de Gassendi sur ce point, auquel son héros, Peiresc, attachait une si grande importance [43].

La lecture de sa dernière épître dédicatoire, négligée, comme les autres, par les biographes, nous a fait changer de sentiment [44]. Elle émane évidemment d'un catholique, et d'un catholique converti au moins depuis quelques années. Elle est, en effet, adressée à un cardinal légat, le célèbre François Barberin, en même temps neveu du pape (Urbain VIII). On y qualifie le pape de *beatissime pater*, et son siège *sedes apostolica*. On y dit que ce chef de l'Église *catholique* peut amener et même contraindre les hérétiques et les infidèles à rentrer dans le sein de l'Église (*hereticos et infideles vel ad sanitatem adducere, vel coercere potest*), etc., etc., sans parler d'autres assertions ou expressions que jamais un calviniste n'eût faites ou employées.

---

44 Épître de l'*Enantiophanon*, édition de 1643, datée de Valence. Elle fut, dit l'éditeur, écrite en 1625, mais publiée seulement en 1631.

Entre cette épître, écrite en 1625, et le dernier des ouvrages de Pacius à nous connus, ou le *Dominium maris Adriatici*, où l'on n'aperçoit aucune trace d'opinions semblables, il s'était écoulé six années. C'est dans cet intervalle qu'il dut abandonner le calvinisme ; et, en effet, on apprend par une correspondance curieuse de Peiresc, publiée au XVIIIe siècle [45], et où sont tous les détails des démarches faites par ce savant pendant quinze à vingt années pour la conversion de Pacius, que celui-ci fit une profession publique du catholicisme au mois de juillet 1619 [46]. A l'égard des motifs par lesquels il s'y détermina, nous devons, sans doute, les attribuer à une véritable conviction, bien que Peiresc cite comme ayant dû influer sur la démarche de Pacius la mort inopinée de deux de ses fils.

Quoi qu'il en soit, nous l'apprenons par les mêmes documents ; parti au mois d'avril 1620 pour Padoue, il retourna à la fin de l'été de 1621 [47] à Valence, où il fut reçu, dit Comnène, avec des applaudissements extraordinaires, et rétabli dans sa première chaire avec une pension ou des honoraires portés, selon Comnène, à trois mille livres [48].

Pendant ce dernier professorat et vers le printemps de 1621, le légat Barberin passa à Valence [49] ; l'université alla en corps à sa rencontre. Il fit un accueil distingué, non-seulement à Pacius, mais à un de ses fils. En reconnaissance, le jurisconsulte lui dédia en 1625, une nouvelle édition d'un de ses ouvrages, augmentée de trois nouvelles parties ; mais divers événements empêchèrent de la publier avant 1631 [50].

---

[45] Elle est extraite avec détail dans Tiraboschi, p. 145, 146 (*v.* ci après, note 16, p. 24).

Peu de temps après, le 19 mars 1632, à l'âge d'environ quatre-vingt-deux ans, il fit son testament dans cette ville; et enfin, d'après Comnène et Brucker, il y mourut en 1635 [51].

Pacius a laissé des ouvrages de philosophie et de droit dont nous donnerons l'indication [52]. Nous ne pouvons rien dire des premiers, si ce n'est que sa traduction latine de l'*Organon* d'Aristote, reproduite dans plusieurs éditions [53], a été jugée par des hellénistes du XVIIe siècle comme la meilleure qui existât [54], et qu'encore à présent, dans l'opinion du savant de nos jours qui a le plus approfondi ces matières [55], elle est un chef-d'œuvre sur lequel s'appuient tous les écrits qui ont pour objet la logique d'Aristote.

A l'égard des ouvrages de droit de Pacius, ils se distinguent par la clarté et la méthode. Il a voulu surtout employer celle des tableaux que nous avons vue également adoptée de nos jours [56], pour mieux graver dans la mémoire des élèves la classification des matières et leur faire retenir les principes généraux [57]. Son édition du *Corpus juris* est placée au nombre des cinq ou six éditions remarquables du XVIe siècle, qui ont servi à publier les éditions usuelles et courantes [58]; enfin, plusieurs de ses Traités se distinguent par la sagacité et l'étendue des connaissances. Nous pouvons citer à cet égard : 1° les *Traités des Pactes et Transactions*, comme ayant été nous-même plusieurs fois dans le cas d'en faire usage; 2° l'*Enantiophanon* dont se sert également aujourd'hui l'un de nos plus savants docteurs [59]. Un mot,

---

52 *V*. plus loin, note finale B, p. 21.
55 M. V. C. de l'Institut (lettre du 5 novembre 1839).
59 M. S., professeur-suppléant à l'école de droit de Paris.

d'ailleurs, suffit à l'appréciation au moins des *Dissertations civilistiques* publiées par lui avant 1580, c'est qu'elles avaient obtenu l'approbation de Cujas[60], fait encore ignoré des biographes.

Nous n'accorderions pas les mêmes louanges, nous devons l'avouer, à son espèce de plaidoyer relatif à la souveraineté de la mer Adriatique, dont il fut si magnifiquement récompensé par le sénat de Venise : on y trouve, presque à chaque page, les défauts des avocats dont nous avons parlé dans nos remarques sur Cochin et sur les orateurs des XVIe et XVIIe siècles[61], par exemple un luxe inouï d'autorités, et une absence non moins étrange de motifs et de discussions logiques.

Peut-être que comme, à cette époque, on préférait en Italie (et ce goût bizarre s'y est maintenu, dit-on, jusqu'au XVIIIe siècle) les citations au raisonnement, Pacius crut-il, dans un ouvrage destiné à des Italiens, devoir suivre une méthode analogue à ce même goût, et abandonner celle du raisonnement, introduite depuis un demi-siècle, par l'école de Cujas. En dernière analyse, nous pouvons du moins dire avec Tiraboschi, que, d'après les honneurs qui lui furent rendus, les honoraires considérables dont il fut doté, les démarches de tant d'universités célèbres pour se l'attacher, il est indubitable que Pacius était généralement regardé comme un des plus savants hommes du temps où il vivait.

---

[61] Notice sur la nouvelle édition de Cochin, etc., insérée dans la Thémis, t. V (1823), p. 433 et suiv.

NOTES FINALES.

A. *Pièce de vers où Pacius fait son histoire pendant le XVIe siècle.*

Urbs genuit Venetis condens quam Gallus in oris,
  Hostibus à victis nomen habere dedit.
Pacis ubi et Berigæ nostræ cognomina gentis,
  Clara per innumeros inveniuntur avos.
Cum fratre à teneris, jussu patris, excolor annis,
  Helladis et Latii scripta diserta legens;
Missus in illustrem post hæc Antenoris urbem,
  Et Sophiæ jussis imbuor et Themidis.
Tum fatum injusti fugientem tela furoris
  Detulit ad fines, terra Lemanna, tuos.
Tu vîtæ sociam prima florente juventa
  Junxisti : decies me facit illa patrem.
Evocat hinc lustris tradentem jura duobus
  Pannonia, et retinet tempore penè pari.
Abstrahor à caris, colui quos semper, amicis
  Moribus aversis, livida turba, tuis.
Pace peto Mosam, mox linquo bella gerentem,
  Antiquo Allobrogum reddor et hospitio.
Sed si hinc pertraxit Rectoris læta Nemausus,
  Imponens humeris munera cuncta meis,
Cur revocas? præstare vetant, en optime princeps,
  (Parce piæ menti) jussa superba fidem.
Non tamen invitus retinebor tempore longo;
  Auro libertas gratior esse solet.
Excipit hinc igitur vicina Academia, tandem
  Sede Placentini, rege jubente, locans.
Hactenùs adversam expertus, sortemque secundam,
  Evasi invictus. Scire futura nefas.

B. *Ouvrages de Pacius.*

Le père Niceron (t. 39, p. 280 à 288) a donné un catalogue exact des ouvrages de Pacius au nombre de vingt-neuf, avec l'indication de leurs éditions diverses. Tiraboschi (sup.) s'en réfère à ce catalogue. Chauffepié l'adopte aussi, mais le disperse en quelque sorte dans plusieurs notes séparées, sans y rien changer ; en un mot, si l'on excepte une indication de trois éditions de l'Organon, omises par Niceron et citées d'après Fabricius, par Chauffepié, le travail de Chauffepié ne diffère en rien de celui de Niceron, si ce n'est en ce qu'il est moins commode à consulter.

Voici le sommaire de la notice de ce bibliographe, auquel, à l'exemple de Tiraboschi, nous renverrons pour les détails, soit relativement au titre des ouvrages (il est souvent fort long), soit à l'égard des éditions autres que la première, sauf à renvoyer aussi aux divers passages de notre Notice, où nous parlons des mêmes ouvrages.

1. In legem Frater, D. de condict. indeb., 1578 (v. ci-après, note 21, p. 25).
2. Corpus juris civilis, 1580 (v. ci-après, notes 19, 21, 58 et 60, p. 25 et 27).
3. Consuetudines feudorum, 1580 (v. note 21, p. 25).
4. Justiniani institutiones, 1580 (v. notes 21, 33 et 39, p. 25, 26).
5. Aristotelis Organum, 1584 (v. ci-dev., p. 18).
6. De juris civilis difficultate et docendi methodo, 1586 (v. notes 17, 24, 25 et 35, p. 9, 10, 25 et 26).
7. Ad novam Friderici constitutionem, 1587 (v. note 25, p. 10).
8. Curopalatæ de Officiis, 1589 (Pacius en a seulement fourni le manuscrit).
9. Argumenta in leges XII tabularum, 1589.
10. De honore, 1597.
11. Institutiones logicæ, 1595.
12. Aristotelis naturalis auscultationis, 1596.
13. *Idem*, de Animâ, 1596.
14. *Idem*, de Cœlo, de Ortu, etc., etc., 1601.
15. Epitome juris, 1593.
16. Commentarius ad lib. IV codicis, 1596.

17. Enantiophanon, seu legum conciliatorum, etc., 1605 (v. notes 7, 10, 25, 27, 29, 33 et 44, p. 23, 24 et 27).

18. Doctrinæ peripateticæ, etc., 1606.

19. Isagogicorum in institutiones, digesta, etc., 1606 (v. notes 10 et 38, p. 24 et 26).

20. Analysis constitutionum, etc., 1605.

21. Commentarius in L. Transigere, 1604.

22. Artis Lullianæ emendatæ, 1631.

N. B. Cette rêverie, publiée d'après son épître, à Valence, le 13 août 1617 (v. Niceron, p. 286), fut traduite en français, en 1619.

23. De Dominio maris, 1619 (v. p. 14 et 19, et note 10, p. 24).

24. Theses ex prioribus Pandectarum libris, 1598.

25. Methodicorum ad codicem libri tres, et de Contractibus libri sex, 1606 (v. notes 10, 22, 27 et 33, p. 24 et 25).

26. Definitionum juris, 1639.

27. Synopsis, seu Œconomia juris, 1616 (v. notes 10, 25 et 57, p. 10, 24 et 27).

N. B. A la suite de cet ouvrage on en trouve deux autres assez importants, omis soit par Niceron, soit par Chauffepié, savoir : 1. Tabulæ in institutiones imperiales, *suivies de* Idea juris; 2. Commentaria in titulos de pactis, de transactionibus et de errore calculi... Nous en avons parlé, p. 18... D'ailleurs, le titre *Synopsis seu Œconomia juris* n'est pas exact... Ce sont deux ouvrages distincts, le premier, publié en 1607, ayant été entièrement refondu dans le second.

28. Selecta ex institutionibus, 1638.

29. Posthumus Pacianus, 1659.

C. *Note renvoyée de page 5, note* (a).

Avis. Nous allons rétablir ici le commencement du texte et un grand nombre de notes qu'on n'a pu admettre dans le savant recueil (*Revue étrangère et française de législation..*, par M. Fœlix), où cette notice a été insérée. Nous rétablissons aussi les numéros des notes tels qu'ils étaient dans notre manuscrit. Cela produira sans doute une bigarrure; mais, pour l'éviter, il faudrait refondre une grande partie de la Notice, et nous n'en avons pas le loisir.

Texte omis dans la Revue.

M. Joseph-Marie-Louis Pacius, né à Die (Drôme) et habitant à Londres, descendant de Julius, m'ayant demandé[1] une notice sur ce grand jurisconsulte, dont les biographes[2] ont parlé avec inexactitude, j'ai tiré parti des matériaux nombreux amassés lorsque je travaillais aux Histoires de droit et de Cujas[3] et depuis, pour suppléer à leurs omissions et rectifier leurs erreurs.

Notes omises dans la Revue.

[1] Lettre du 26 octobre 1839.

Dans une autre lettre (1er janvier 1840), il établit sa descendance par une notice chronologique d'actes, dont le premier (1635) est le baptême d'un petit-fils de Julius; notice rédigée depuis la lecture de notre mémoire, sur les tables des registres de la ville de Die, où Jacques, docteur et avocat, fils de Julius, s'était fixé.

[2] On pourrait en excepter Niceron (*Mémoires*, etc., t. XXXIX, 1738, p. 270 et suiv., et Chauffepié, *Dictionn.*, t. III, 1753, lettre P, p. 1 à 4), et néanmoins ils commettent plusieurs erreurs et surtout bien des omissions.

[3] *Histoire du droit romain*, suivie de l'*Histoire de Cujas*, in-8°, 1821.

[4] Brucker, *Historia critica philosophiæ*, in-4°, 1743, p. 218... Comnène, *Historia gymnasii Patavini*, in-fol., 1726, t. II, p. 270, indique la même année, mais non pas le jour.

N. B. Nous avons puisé, soit dans ces deux ouvrages, soit dans Niceron, ou Chauffepié (v. note 2), soit dans Tiraboschi (v. note 16, ci-après, p. 23), les faits pour lesquels nous ne citons pas d'autorités, et qui nous ont paru certains.

[5] et [6] *Voir* ces deux notes, ci-dev., p. 5.

[7] *Enantiophanon*, in-8°, 1643 (réimpression de l'édition de 1631).

[8] L'avocat se nomme Josias Stamler. Les deux pièces sont dans la même édition de 1643.

[9] Nous avons vu au moins trente de ces éditions : on y dit toujours simplement : *Julius Pacius, J.-C.*

[10] Actes de cession des 28 décembre 1605, 2 mars 1616 et 7 février 1619, extraits au commencement des ouvrages suivants : *Isagicorum*, etc., in-fol., Lyon, 1606 ; *Methodicorum*, etc., etc., in-fol., ibid., 1606 ; *OEconomia juris*, etc., ibid., 1616 ; *Enantiophanon*, etc., in-fol., ibid., 1616 ; *De dominio Maris*, etc., in-8°, ibid., 1619....
Dans tous ces actes, on dit encore tout simplement : *le sieur Pacius*, et cependant plusieurs de ces actes (ou au moins l'un d'entre eux) ont été passés par-devant des notaires, et l'on sait que dans les actes de notaires, on exprimait avec soin les qualités des parties.

[11] Lettres-patentes des 17 octob. 1605, 2 mars 1616 et janv. 1619, rapportées dans les ouvrages cités à la note précédente.

N. B. Le long silence de Jules Pacius et la réticence des lettres patentes s'expliquent, dit M. Joseph Pacius, par la circonstance qu'étranger, réfugié et calviniste, il était contraint en France, à une sorte de réserve (*voy*. au surplus, ci-après, p. 29, n. 2 et 3, note E).

[12] Niceron lui-même a commis cette faute, bien qu'il recommande (*sup*., p. 288) la lecture des préfaces de Pacius, comme devant servir à redresser les erreurs des biographes (il paraît n'en avoir examiné que les dates et les lieux qui y sont énoncés).

[13] et [14] *Voir* ces notes, ci-dessus, p. 6.

[15] Pour la première opinion, *voir* Brucker, p. 218 ; Chauffepié, p. 1... pour la seconde, M. Foisset, Biographie Michaud, article Pacius... enfin, pour ce qui est relatif à la noblesse de Pacius, ci-après, note E, n. 2 et 3, p. 29.

[16] Tiraboschi (*Storia della letteratura italiana*, in-4°, t. VII, part. 2, 1784, n° 23, p. 144, art. Pacius) observe que ce traité, du moins à sa connaissance, n'a été vu nulle part.

[17] Tiraboschi (*suprà*), dit *Giraldi* au lieu de Gribaldi. C'est évidemment une faute d'impression. Des deux Giraldi, écrivains du XVIe siècle, cités par les biographes, l'un, Lélio, mourut en 1552, et l'autre, Jean-Baptiste, était poëte et non pas jurisconsulte.

Du reste, Pacius lui-même (*De Juris methodo*, in-12, Spire, 1597, p. 71) ne cite, comme ayant été ses professeurs, que Pancirole et Menoch. Selon Broë (*Hist. de Cujas*, aux mss. latins, B. R., 6248 A, p. 87), Pacius étudia aussi sous Cujas, mais outre que Broë, nous l'avons montré ailleurs (*Thémis*, t. IV, 1822, p. 384 et suiv.), mérite fort peu de confiance, si le fait était vrai, Pacius l'eût mentionné dans l'épître dédicatoire dont nous allons parler (note 19), et surtout n'eût point, avec un ton d'envie, si l'on peut parler ainsi, félicité un autre jurisconsulte d'avoir eu un tel maître (Épître à Jacques Lect, p. 7, avant le même Traité *de Juris methodo*) : *tu magni illius Cujacii dignus discipulus*... D'ailleurs, nous ne voyons point à quelle époque Pacius, fixé d'abord à Genève, et ensuite à Heidelberg, dans les derniers professorats de Cujas, eût pu assister aux leçons de ce jurisconsulte.

[18] *Voir* cette note, ci-dessus, p. 7.

[19] Épître dédicatoire à Cujas, de son *Corpus juris*, in-fol., Genève, 1580, datée du 1er mars 1580.

[20] Pour les caractères de cette persécution, *voyez* les vers 9 et 10 de la note A, p. 20.

[21] 1. *In L. frater*, in-8°, 1578. — 2. *Corpus juris*, in-fol., 1580. — 3. *Consuetudines feudorum*, id., id. — 4. *Institutiones*, id., id. — *Voir* note B, n. 1 à 4, p. 21.

[22] Épître au président de Verdun, datée de Montpellier, le 1er mars 1606, jointe aux *Methodicorum*, etc., in-folio, Lyon, 1606.

[23] Épître à Pierre Saletan, du 1er septembre 1578, jointe aux *Instituts*, Amsterdam, in-16, 1642 ; Épitre dédicatoire à Cujas, citée plus haut, note 19.

[24] et [25] *Voir* les deux notes, ci-dev., p. 9 et 10.

[26] Gothofredus et Pacius ejus cathedram magno molimine appetunt. *Mebonius*, *vita Marani*, p. 15 (elle est jointe au tome I des *Paratitla et Tractatus*, etc., de Guillaume Maran, in-fol., 1671).

[27] *Voir* cette note, ci-dev., p. 10.

[28] Comnène, p. 271 ; Brucker, p. 219 ; Moréri, mot *Pacius* (cette faute n'a pas même été corrigée dans sa dernière édition, quoique postérieure d'une vingtaine d'années aux mémoires de Niceron).

[29] Elle est, ainsi que les vers dont nous allons parler, dans l'édition in-8° de 1606, de son *Enantiophanon*.

[30] Nous la donnerons dans la note finale D, p. 28.

[31] On n'aurait certainement pas noté comme un événement extraordinaire, une occultation du soleil par des nuages.

[32] *Voir* cette note, ci-dev., p. 12.

[33] Il s'en plaint dans deux épîtres datées de Sedan, le 1er mars 1596, et adressées, l'une à Georges Reich, et jointe à l'*Enantiophanon*, édition de 1606, in-8° ; l'autre, au prince d'Anhalt, et annexée à l'édition de 1603, du traité *de Contractibus* (la plus ancienne édition

citée par Niceron, ou celle de 1606, on l'a vu, p. 22, note B, n. 26, n'est donc pas la première).

³⁴ *Voir* les pièces de vers citées, p. 11.

³⁵ Épitres citées plus haut, note 33 ; autre du 22 octobre 1597, avant l'ouvrage *de Juris methodo*, cité à la note 17, p. 24.

³⁶ *Voyez-en* les articles 9, 10, 11 et 66.

³⁷ Le nombre des protestants était si peu considérable en Provence, qu'on n'avait pas pu créer au parlement d'Aix, pour leurs procès, une des chambres particulières établies dans d'autres provinces sous le nom de *chambres de l'édit*. Ils portaient les leurs à la chambre de l'édit du parlement de Grenoble. (*Édit de Nantes*, art. 30 à 32.)

³⁸ Épitre du 5 novembre 1605, avant l'édition de 1662, des *Isagicorum* ; autre du 2 mars 1616, et privilége et cession des 14 février et 2 mars 1616.

³⁹ Peut-être pour obtenir des honoraires plus considérables. En effet, en 1604, il parlait de sa pauvreté à Peiresc (*pecuniâ neque tu œges, neque ego abundo*)... *Voir* Épître dédicatoire des Instituts, édition de 1641, datée de Montpellier ; Gassendi, Nic. Cl. Fabricii de Peiresc, vita, Paris, 1641, p. 72.

⁴⁰ *Voir* cette note, ci-dev., p. 13.

40 ᵃ. *L'anderà parte, che*... ancienne formule, dont le sens est : *il est décidé que*... : *Voyez* Droit maritime de Venise, dans M. Pardessus, *Collection de lois maritimes*, t. V, p. 65, 67, 69, 71, etc.

Dans les lois vénitiennes rédigées en latin, on trouve l'expression correspondante : *vadit pars, quod*.... (v. *ibid.*, p. 64).... *Note communiquée par M. Pellat, professeur à l'École de droit.*

⁴¹ Édition Beuchot, t. XXXIII, p. 316 et 317.

⁴² Aussi ne firent-ils point d'impression sur les Vénitiens, du moins fallut-il, selon Gassendi (*sup.*, p. 175), l'intervention du gouverneur du Dauphiné et du premier président du parlement de Grenoble, pour obtenir la permission sollicitée par Pacius (*voir* aussi ce que dit Pacius lui-même, ci-après, note E, n. 5). Du reste, Gassendi se trompe lorsqu'il observe que cette permission fut demandée au bout de deux ans, car l'absence de Pacius, en y comprenant le temps nécessaire à son voyage, fut tout au plus de seize mois (*voir* ci-après, note 47).

⁴³ Nous nous en étions rapporté à cet égard à Chauffepié, parce que nous n'avions pas eu le loisir d'examiner Gassendi avant la

séance où nous devions lire notre Notice, et que nous ne pouvions supposer que Niceron, prêtre catholique, eût négligé un tel soin. Nous avons fait depuis cet examen, et il a confirmé ce que nous disons au texte, p. 16, au sujet de la conversion de Pacius. *Quid memorem*, dit Gassendi, p. 175, *quod Pacius ex hoc tempore* (1619) *pro ipsius* (de Peiresc) *votis catholicum factum ?*

[44] et [45] *Voir* ces notes, ci-dev., p. 16 et 17.

[46] Et non pas en 1620, comme semble le dire M. Foisset (*Biographie Michaud*).

[47] Selon Tiraboschi et d'après la correspondance citée ci-dev., p. 17, Pacius y était déjà arrivé au mois d'octobre 1621.... Deux des actes cités ci-après, note E, n. 4, prouvent que c'était avant la fin d'août.

[48] *Voyez*, au sujet de ces applaudissements et de ces honoraires, même note E, nos 5 et 8, p. 29.

[49] Il aborda en Provence au commencement de cette saison, et fit son voyage de Paris assez rapidement (il était de retour en Provence dès le mois d'octobre). *Voir* Gassendi, *sup.*, p. 203 et 206.

[50] *Voyez* plus haut, p. 16, texte et note 44, et l'épître citée, *ibid.*

[51] M. Joseph Pacius a voulu constater avec précision l'époque de la mort de Jules; par malheur, le registre des décès de 1635 manque.

[52] *Voir* cette note, ci-dev., p. 21.

[53] Chauffepié, p. 2, note B, en indique six, de 1584 à 1598.

[54] Entre autres par le célèbre évêque d'Avranches, Huet (il est cité par Niceron et Chauffepié).

[55] *Voir* cette note, ci-dev., p. 18.

[56] On peut citer entre autres, les Tableaux synoptiques du droit romain, par M. Blondeau, 1813, in-4º, refondus en 1818, même format, sous ce titre : « Tableaux synoptiques du droit privé, offrant l'essai d'une classification et d'une nomenclature nouvelle des *lois privées*. »

[57] Entre autres dans sa *Synopsis*, dans son *OEconomia juris*, dans ses *Tabulæ in institutiones* et dans son *Idea juris* (*voir* pour ces ouvrages, ci-dev., note B, n. 27, p. 22.)

[58] *Voir* notre Histoire du droit, p. 253 et 254.

[59] *Voir* cette note, ci-dev., p. 18.

[60] Épître dédicatoire de son édition du *Corpus juris*, datée du 1er mars 1580.

[61] *Voir* cette note, ci-dev., p. 19.

D. *Traduction latine* (par M. Longueville) *des deux pièces de vers grecs citées*, p. 11.

I.

Phœbus intonsus Pacium quum euntem
    Vidit, vultum abscondit grave gemens,
Atque indignatus tales fatus est sermones :
    Quis mœret clarorum columen jurisconsultorum
Musæ Neckarides [1], musæ Pacium ita
    Vestrum procul lumen sinite abire ?
Pacius verum meis radiis semper erit
    Immotum clarorum columen jurisperitorum.

II.

Nunc novi arte Nubium iram, atque dolorem,
    Lacrymas, et gemitus; Pacius abit procul.
Pacius abit procul, et Musas reliquit, Neckar
    Quibus quidem canentibus erat superbiens.
At nubes desinite iram atque dolorem :
    Pacius pacem vestram desiderat.
Si Fas, si pietas est, illi perficite spem.
    Providæ non humidum sternite iter :
Æole, aeris tranquillitatem da pulchram ; sol calorem
    Moderatum : alto-regnans felicitatem tribue.

[1] Muses du Neckar (ou Necker), rivière qui passe à Heidelberg.

E. *Notice d'actes anciens et inédits relatifs à Pacius, à ses honoraires, à la noblesse de sa famille,* etc.

1. Depuis la composition de notre Mémoire, nous avons reçu, grâce à l'obligeance de M. Delacroix, maire de Valence (nommé depuis, à la chambre des Députés), un extrait des inventaires des archives de cette ville, où sont analysées les pièces ou actes relatifs à Pacius, et une copie de plusieurs de ces documents.

2. L'un d'entre eux appuie l'observation faite par M. Joseph Pacius (v. p. 24, note 11) sur les motifs pour lesquels Jules put taire sa qualité de *noble*. Il s'agit d'une requête présentée par lui au parlement de Grenoble, au mois de mai 1622, et où, enhardi en quelque sorte par l'accueil reçu des Vénitiens, il prend la même qualité.

3. Mais, la vérité oblige de le dire, les autres documents semblent détruire la même assertion, puisque le savant jurisconsulte y est toujours qualifié simplement de *sieur*, ou de M^r, quoiqu'il soit bien connu que jamais on ne négligeait de se qualifier *noble* lorsqu'on en avait le droit, à moins qu'on n'eût un titre féodal (seigneur, baron, comte, etc.); ce qui, faisant supposer cette qualité, dispensait de l'employer. Voici ces documents par dates et espèces.

4. *Délibérations de la Faculté de droit*, 1621, 31 août (Pacius y est présent... *V*. ci-dev., p. 27, note 47); 13 septembre (son fils Jacques, avocat et docteur en droit, y agit en son nom); 4 décembre (Jules y est présent, ainsi qu'à presque toutes les suivantes). — 1622, 12 janvier (l'on y rappelle la délibération du 31 août précédent); 2 septembre. — 1624, 8 juin. — 1625, 30 avril. — 1627, 5 janvier. — 1628, 23 mai; 11 juillet; 3 novembre; 6 décembre. — 1631, 12 juin; 24 *id.*; 10 août. — 1632, 3 janvier; 29 *id.* et 5 février.

5. *N. B.* Dans la plupart de celles des mêmes délibérations qui sont antérieures à 1622, il est question d'un procès entre Jules et les autres membres de l'université, relativement à sa part dans les rétributions des grades. Ses confrères la lui refusaient parce qu'il avait été nommé, non d'après les statuts, c'est-à-dire, sans doute, à la suite d'un concours, mais uniquement par le gouverneur de la province (le fameux Lesdiguières, alors presque souverain en Dauphiné). On ne dit point comment ce procès fut terminé; il en résulte au moins que la Faculté ne mêla point son suffrage à ceux dont Pacius fut accueilli, selon Comnène (v. ci-dev., p. 17), à son retour de Padoue (dans la requête de 1622, Pacius dit qu'il en a été rappelé par l'ordre de Lesdiguières et du premier président).

6. *Acte notarié*. 13 octobre 1621 (Jules y soutient qu'il est autorisé à continuer ses leçons; l'université fait des protestations sur ce point.)

7. *Assignation*. 8 juin 1622 (elle est donnée par Pacius à l'université, à la suite de la requête citée aux n°s 2 et 5).

8. *Comptes du receveur des finances pour* 1631 *et* 1633. On y cite

plusieurs quittances de Jules pour ses honoraires, dont une du 22 juillet 1633, et une autre du 17 mai 1634.

Ces comptes sont remarquables sous deux rapports. On y voit d'abord que Jules existait encore en 1634, et ensuite (cela y est énoncé en toutes lettres), que ses honoraires étaient fixés à *trois mille livres*, comme le dit Comnène (v. ci-dev., p. 17), fixation que nous avions d'abord trouvée exagérée, parce que Cujas, dont le professorat était à la vérité antérieur d'un demi-siècle, n'avait obtenu qu'environ les deux tiers de cette somme (v. notre Histoire de Cujas, p. 393).

D'après les mêmes comptes, les honoraires des cinq autres professeurs étaient fixés à 800, 700, 600, 500 et 400 livres. Ainsi Pacius avait à lui seul, autant que tous ses confrères réunis, et l'on conçoit alors qu'ils fussent tentés de lui contester sa part des rétributions et des grades.

Nota. Tous les Opuscules de M. Berriat-Saint-Prix dont il reste des exemplaires séparés, se trouvent chez P.-J. Langlois, rue des Grès-Sorbonne, 10.

www.ingramcontent.com/pod-product-compliance
Lightning Source LLC
Chambersburg PA
CBHW061000050426
42453CB00009B/1215